CW00519218

Das essentielle Diabetes-Kochbuch

Ein praktischer Ansatz zur Umkehrung von Diabetes ohne Medikamente

Leticia Cherry

INHALTSVERZEICHNIS

EINLEITUNG

Was ist Diabetes?
Diabetes ist eine Krankheit, bei der der Körper Schwierigkeiten hat, seinen Blutzuckerspiegel zu kontrollieren.

Dies kann zu anderen Gesundheitszuständen führen, wie z. B. einer schlechten Durchblutung. Es gibt keine Heilung für Diabetes, aber mit der richtigen Behandlung kann er kontrolliert werden und Menschen mit Diabetes können ein langes, gesundes Leben führen.

Diabetes tritt auf, weil die Bauchspeicheldrüse nicht genug von einem Hormon namens Insulin produziert oder der Körper nicht gut auf das produzierte Insulin reagiert. Insulin spielt eine wichtige Rolle bei der Umwandlung von Zucker (Glukose) in Energie, die der Körper nutzt. Wenn Sie essen, steigt Ihr Blutzuckerspiegel an, und wenn dies der Fall ist, gibt Ihre Bauchspeicheldrüse Insulin in Ihr Blut ab. Die Glukose in Ihrem Blut bindet sich an einen Rezeptor auf Ihren Zellen und gelangt in die Zelle, um als Brennstoff für die Energieproduktion verwendet zu werden.

Insulin ist ein Hormon, das Ihr Körper aus einer der anderen Zellen Ihrer Bauchspeicheldrüse, den Betazellen, herstellt. Insulin steuert, wie viel Zucker (Glukose) von den Zellen in Ihrem Körper aufgenommen wird. Wenn Sie essen, hilft die Menge an Nahrung oder Getränken, die Sie aufnehmen, den Blutzucker aus dem Verdauungssystem in den Blutkreislauf zu ziehen. Dies verursacht einen Anstieg des Glukosespiegels, der Ihre Bauchspeicheldrüse veranlasst, Insulin in den Blutkreislauf abzugeben. Insulin heftet sich an Rezeptoren in Leber-, Muskel- und Fettzellen und öffnet Kanäle, durch die die Glukose in diese Zellen gelangen kann.

Wenn Glukose aus der Nahrung, die wir essen, in unseren Blutkreislauf gelangt, setzt die Bauchspeicheldrüse eine bestimmte Menge an Insulin frei. Das Insulin bindet sich mit dieser Glukose im Blut und begleitet sie zu verschiedenen Stellen in unserem Körper. Wenn diese Orte mit Glukose gefüllt sind, dreht sich das Insulin um und geht zurück zur Leber, wo es bis zu einem anderen Zeitpunkt verbleibt, wenn mehr Zucker in unserem Blutkreislauf vorhanden ist.

Bei Diabetikern ist die Wirkung von Insulin anders als bei Gesunden. Wenn sich Glukose an die Zellen anlagert, nehmen sie mehr davon auf als normal. Die Bauchspeicheldrüse schüttet dann zu viel Insulin aus. Es ist diese übermäßige Insulinausschüttung und die Unfähigkeit des Körpers, den Blutzuckerspiegel zu kontrollieren, die zu Typ-2-Diabetes führt.

Obwohl es keine Heilung für Diabetes gibt, ist Typ-2-Diabetes oft vollständig kontrollierbar. Es kann etwas Zeit, Mühe und Engagement erfordern, Ihren Blutzucker auf einem gesunden Niveau zu halten. Aber Sie können die Komplikationen von Diabetes stark reduzieren und ein gesundes Leben genießen, wenn Sie starke Managementstrategien anwenden.

Warum Diabetiker-Rezepte wählen und wie man sie macht?

Diabetikergerichte werden mit weniger Kalorien und Fett zubereitet, weil unser Körper Kohlenhydrate nicht richtig verarbeitet. Wenn Sie Diabetes haben, kann Ihr Körper nicht auf das ausgeschüttete Insulin reagieren, sodass er nur eine kleine Menge Glukose in Energie umwandeln kann.

Der Versuch, normal zu essen, kann für Menschen mit Diabetes schwierig sein, da Essen den Blutzucker schnell in die Höhe treiben kann. Übermäßiges Essen kann ebenfalls zu Blutzuckerspitzen führen. Diabetiker-Rezepte sind fett- und kalorienarm, was es einfacher macht, bis zum Sättigungsgefühl zu essen, ohne zu viele Kalorien zu sich zu nehmen.

Für Menschen mit Diabetes sind Rezepte mit einem hohen Anteil an Ballaststoffen zu bevorzugen. Ballaststoffreiche Lebensmittel brauchen länger zur Verdauung als andere Lebensmittel und sind daher besser für die Aufrechterhaltung eines konstanten Blutzuckerspiegels. Ballaststoffe sind in der Regel in Gemüse, Obst, Vollkorngetreide (z. B. Bulgurweizen und brauner Reis), Hülsenfrüchten (z. B. getrocknete Bohnen) und Vollkornbrot und -nudeln enthalten.

Für Menschen mit Diabetes ist es außerdem wichtig, Lebensmittel mit einem hohen Anteil an raffinierten Kohlenhydraten und Zucker zu vermeiden. Zuckerhaltige Lebensmittel können einen hohen Blutzuckerspiegel verursachen, der zu gesundheitlichen Komplikationen führen kann.

Gleichzeitig ist es wichtig, dass Sie aktiv und gesund bleiben. Bewegung hilft, den Blutzuckerspiegel durch eine erhöhte Durchblutung der Muskeln zu kontrollieren. Regelmäßige Aktivität trägt auch dazu bei, Ihren Körper fit und stark zu halten, wodurch das Risiko einer Behinderung im Alter gesenkt wird.

Grundlagen des diabetischen Kochens

Diabetiker-Rezepte werden in der Regel mit frischen Zutaten zubereitet, die sicherstellen, dass Sie mehr Nährstoffe aus Ihrer Nahrung erhalten. Außerdem bedeuten frische Zutaten, dass das Essen weniger verarbeitet ist als bei Zutaten aus der Dose oder aus dem Tiefkühlfach.

Achten Sie bei Rezepten darauf, Lebensmittel mit ähnlichem Nährwert zu kombinieren: Fleisch, Geflügel, Fisch sowie Gemüse und Obst werden am besten zusammen gegessen. Wenn Sie Lebensmittel mit unterschiedlichen Nährwerten in einem Rezept kombinieren müssen, wählen Sie die Lebensmittel mit dem höchsten Nährwert für Ihre Ernährung.

Es ist auch wichtig, eine ausreichende Menge an Ballaststoffen in Ihre Ernährung aufzunehmen, da dies dazu beiträgt, dass Sie sich nach dem Essen satt fühlen. Außerdem helfen sie, Ihren Blutzuckerspiegel konstant zu halten.

Kennen Sie Ihre diabetischen Lebensmittelgruppen: Die grundlegenden Lebensmittelgruppen sind ein guter Ausgangspunkt, wenn Sie sich mit den Lebensmitteln vertraut machen wollen, die Sie essen können und welche Sie meiden sollten. Dazu gehören: Getreide (Vollkorn, wie Vollkornbrot, brauner Reis oder Bulgur; ballaststoffreiches Getreide); Obst; Gemüse; Milchprodukte (Milch, Joghurt und/oder Käse); Fleisch; Geflügel; Eier und Hülsenfrüchte (Bohnen); Nüsse und Samen.

Integrieren Sie viel gesundes Gemüse und Obst. Diese Lebensmittel sind reich an Ballaststoffen und kalorienarm, so dass sie Sie mit vielen Nährstoffen versorgen, ohne Sie zu füllen.

Sorgen Sie für Abwechslung bei der Auswahl Ihrer Lebensmittel. Für die meisten Menschen gilt: Je weniger sie von denselben Lebensmitteln essen, desto besser fühlen sie sich.

Fügen Sie Nüsse und Samen zu Ihrer täglichen Ernährung hinzu. Nüsse sind eine gute Quelle für Protein sowie Kalzium und andere Nährstoffe. Sie enthalten auch eine gute Menge an Ballaststoffen. Eine Handvoll Nüsse entspricht nur 30 bis 40

Kalorien, also genießen Sie sie als Snack oder in Rezepten. Der Kauf von Obst ist einfach, aber wenn Sie gefrorenes Obst kaufen, ist es meistens billiger als der Kauf von frischem Obst. Dies kann zurückzuführen sein auf die Tatsache, dass die Verarbeitung beim Einfrieren mehr Schäden verursacht als die Verarbeitung beim Schmoren oder Trocknen.

FRÜHSTÜC

1. Frühstücksburritomit Wurst und Paprika

Zubereitungszeit: 10
Minuten Kochzeit: 15
Minuten Portionen: 4

Inhaltsstoffe

- 8 Unzen lose Frühstückswurst aus Schweinefleisch
- ½ Zwiebel, gehackt
- 1 grüne Paprika, entkernt und gewürfelt
- 8 große Eier, verquirlt
- 4 (6-Zoll) kohlenhydratarme Tortillas
- 1 Tasse geschredderter Pepper-Jack-Käse
- ½ Tasse saure Sahne (optional, zum Servieren)
- ½ Tasse zubereitete Salsa (optional, zum Servieren)

Wegbeschreibung

1. Braten Sie die Wurst in einer großen antihaftbeschichteten Pfanne bei mittlerer Hitze, bis sie gebräunt ist (ca. 5 Minuten) und zerbröseln Sie sie mit einem Löffel. Fügen Sie die Zwiebel und die Paprika hinzu. Kochen Sie unter Rühren, bis das Gemüse weich ist, ca. 3 Minuten. Fügen Sie die Eier hinzu und kochen Sie unter Rühren, bis die Eier stocken, etwa 3 Minuten mehr.

2. Löffeln Sie die Eimischung auf die 4 Tortillas. Geben Sie jeweils den Käse darüber und falten Sie sie zu einem Burrito.

3. Mit saurer Sahne und Salsa servieren, falls gewünscht.

Ernährung Kalorien: 486 Fett: 36g Natrium: 810mg Kohlenhydrate: 13g Ballaststoffe: 8g Eiweiß: 32g

2. Kürbis-Walnuss-Smoothie-Schale

Zubereitungszeit: 5
Minuten Kochzeit: 0
Minuten Portionen: 2

Inhaltsstoffe

- 1 Tasse normaler griechischer Joghurt
- ½ Tasse Kürbispüree aus der Dose (keine Kürbiskuchenmischung)
- 1 Teelöffel Kürbiskuchengewürz
- 2 (1-Gramm) Päckchen Stevia
- ½ Teelöffel Vanilleextrakt
- Prise Meersalz
- ½ Tasse gehackte Walnüsse

Wegbeschreibung

1. Verquirlen Sie in einer Schüssel den Joghurt, das Kürbispüree, das Kürbiskuchengewürz, Stevia, Vanille und Salz (oder mixen Sie es in einem Mixer).
2. Löffeln Sie es in zwei Schalen. Mit den gehackten Walnüssen bestreut servieren.

Ernährung Kalorien: 292 Fett: 23g Natrium: 85mg Kohlenhydrate: 15g Ballaststoffe: 4g Eiweiß: 9g

3. Melone Sandwich

Zubereitungszeit: 8
Minuten Kochzeit: 0
Minuten Portionen: 2

Inhaltsstoffe

- 4 Scheiben Toastbrot (50g)
- 6 Scheiben geräucherter Schinken
- 130 g netto Melone
- 4 Teelöffel saure Sahne
- 4 Blätter Kopfsalat

Wegbeschreibung

1. Toasten. Entfernen Sie die fettigen Ränder von den Schinkenscheiben.
2. Schneiden Sie die Melone in Scheiben. Schneiden Sie das Fruchtfleisch in dünne Scheiben.
3. Bestreichen Sie eine Seite des Toasts mit saurer Sahne. Dann die Scheiben mit der Melonenscheibe, dem Schinken und dem Salat belegen.
4. Bestreichen Sie die zweite Toastscheibe mit saurer Sahne und legen Sie sie auf die belegte Scheibe.

Ernährung: Kalorien 350 kcal Kohlenhydrate 31 g Eiweiß 21 g Fett 10 g

4. Butter-Milch-Linse

Vorbereitungszeit: 30
Minuten Kochzeit: 10
Minuten Portionen: 2

Inhaltsstoffe

- 2 Eier
- 60 g Grieß
- 120 ml Buttermilch
- Salz, Zitronensaft, Süßstoff (flüssig)
- 4 Esslöffel Magerquark
- 200 g Erdbeeren
- 2 Teelöffel Nüsse
- 3 Teelöffel Öl

Wegbeschreibung

1. Eigelb trennen. Eigelb mit der Buttermilch, dem Grieß und zwei Prisen Salz verrühren und ca. 10 Minuten quellen lassen.

2. Würzen Sie den Quark mit dem Zitronensaft und dem flüssigen Süßstoff. Waschen Sie die Erdbeeren. Die Stiele entfernen. Halbieren Sie die Früchte.

3. Schlagen Sie das Eiweiß mit einem Schneebesen steif. Heben Sie die Masse unter den Grieß.

4. Geben Sie etwas Öl in eine Pfanne und erhitzen Sie es. Mit einer Schöpfkelle den Grieß in die heiße Pfanne schütten und braun werden lassen. Mit einer Kelle wenden. Braten Sie auf diese Weise etwa 4 Pfannkuchen.

5. Füllen Sie die Pfannkuchen mit der Quarkcreme und geben Sie einige Erdbeeren dazu. Auf einem Teller servieren.

Ernährung Kalorien330 kcal Kohlenhydrate 31 g Eiweiß 22 g Fett 8 g

5. Ananas-Omelette

Zubereitungszeit: 20
Minuten Kochzeit: 10
Minuten Portionen: 2

Inhaltsstoffe

- 1 Ei
- 16 g Diabetiker-Süße
- 20 g Mehl
- 200 g Frischkäse
- 70 g Schlagsahne
- 1 Ananasring, Streusel & Zitrone

Wegbeschreibung

1. Trennen Sie das Ei. Schlagen Sie das Eiweiß zu steifem Schnee. Fügen Sie die Diabetikersüße hinzu. Das Eigelb unterrühren.
2. Die Zitronenschale abreiben und zur Mischung geben. Mehl hinzufügen.
3. Heizen Sie den Ofen vor.
4. Decken Sie das Backblech mit Pergamentpapier ab. Verteilen Sie den Teig mit einem Esslöffel kreisförmig und backen Sie ihn im Ofen für 10 Minuten.
5. Nehmen Sie die Omeletts heraus, legen Sie sie auf Teller und lassen Sie sie abkühlen.
6. Mischen Sie den Frischkäse mit der Sahne. Die restliche Sahne steif schlagen und unterrühren. Süßungsmittel zugeben und abschmecken.

Ernährung Kalorien 376 kcal Kohlenhydrate 36 g Eiweiß 26 g Fett 12g

6. Stracciatella-Omelette

Vorbereitungszeit: 30
Minuten Kochzeit: 15
Minuten Portionen: 2

Inhaltsstoffe

- 2 Eier
- 12 g Diabetiker-Süße
- 20 g Mehl
- ½ Kakaopulver
- 1 Zitrone
- 25 g dunkle Schokolade
- 125 g Schlagsahne

Wegbeschreibung

1. Reiben Sie die Schale der Zitrone.
2. Von einem Ei das Eigelb trennen. Eiweiß steif schlagen und langsam die Diabetikersüße einrieseln lassen. Das Eigelb und die Zitronenschale unterrühren.
3. Heizen Sie den Ofen vor.
4. Legen Sie Pergamentpapier auf ein Backblech. Verteilen Sie die Mischung mit einem Löffel in zwei Kreisen und backen Sie sie im Ofen für 10 Minuten.
5. Die Backmischung vom Backpapier lösen, auf einen Teller legen und abkühlen lassen.
6. Raspeln Sie die Schokolade in Raspeln. Schlagen Sie die Sahne steif und rühren Sie die Schokolade unter. Alles in einen Spritzbeutel geben und auf die Omeletts auftragen.

7. Die Omeletts mit dem Kakao bestäuben und eine Viertelstunde kalt stellen.

Ernährung Kalorien 390 kcal Kohlenhydrate 22 g Eiweiß 9 g Fett 30 g

7. Rote Grütze-Scheiben

Zubereitungszeit: 10 Minuten
Garzeit: 65 Minuten
Portionen: 2
Inhaltsstoffe
- 75 g Butter
- 200 ml Milch
- 1 Würfel Hefe
- 500g Mehl
- 2 Eier
- 108 g Diabetiker-Süße
- Salz, Fett & 1 Packung Rotgraspulver

Wegbeschreibung
1. Erwärmen Sie die Milch und lösen Sie die Hefe darin auf.
2. Schmelzen Sie die Butter und geben Sie sie in eine Schüssel. Mit dem Mehl, den Eiern, der Diabetikersüße und dem Salz mischen. Mit dem Knethaken verrühren. Zugedeckt ca. 40 Minuten gehen lassen.
3. Kneten Sie den Teig mehrmals durch. Die Form einfetten und den Teig ausrollen. Etwa 20 Minuten gehen lassen.
4. Rotes Griespulver mit 6 Esslöffeln Wasser anrühren, in einen Topf geben und kurz aufkochen lassen. Dann vom Herd nehmen und abkühlen lassen.
5. Mit einem Esslöffel Vertiefungen in den Teig drücken und das rote Gelee hineingeben.
6. Lassen Sie den Teig 10 Minuten lang aufgehen. Heizen Sie in der Zwischenzeit den Ofen vor. Backen Sie den Teig im Ofen für 20 Minuten.

Ernährung Kalorien160 kcal Kohlenhydrate 24 g Eiweiß 5 g
Fett 6 g

8. Rosinen-Apfelschnecken

Zubereitungszeit: 10 Minuten
Garzeit: 40 Minuten
Portionen: 2

Inhaltsstoffe

- 50 g Äpfel
- 18 g Diabetiker-Süße
- 5 g Rosinen
- 10 Mandelstifte
- 20 g Magerquark
- 1 Esslöffel Öl, 40 g Mehl & 1/8 Päckchen Backpulver

Wegbeschreibung

1. Die Äpfel waschen, aufschneiden, das Gehäuse entfernen und in kleine. Stücke schneiden.
2. Geben Sie die Apfelstücke in einen Topf. Geben Sie Zitronensaft und die Diabetikersüße hinzu. Alles zehn Minuten dünsten. Rosinen und Mandelsplitter zugeben. Umrühren und abkühlen lassen.
3. Quark, Diabetikersüße, Öl, Mehl und Backpulver (etwa 1/8 Päckchen) verrühren. Die Arbeitsfläche mit Mehl bestreuen und den Teig zu einem Rechteck ausrollen. Verteilen Sie die Apfelstücke darauf.
4. Heizen Sie den Ofen vor.
5. Rollen Sie den Teig aus. Schneiden Sie die Rolle in gleichmäßige Stücke, legen Sie sie auf Backpapier und backen Sie sie im Speck für 20 Minuten.

6. Diabetikersüße und Zitrone mischen und auf den Schnecken verteilen.

Ernährung Kalorien 190 kcal Kohlenhydrate 27 g Eiweiß 4 g Fett 5 g

9. Pflaumen-Muffins

Vorbereitungszeit: 10
Minuten Garzeit: 50
Minuten Portionen: 2

Inhaltsstoffe

- 25 g Walnusskerne
- 85 g Pflaumen (entsteint)
- 30 g Butter
- 1 Ei
- 12 g Zucker
- 30 ml Milch
- 60 Gramm Mehl
- 15 g Aprikosenkonfitüre
- Salz & Backpulver

Wegbeschreibung

1. Schneiden Sie die Nüsse grob. Waschen Sie die Pflaumen, entsteinen Sie sie ggf. und schneiden Sie sie in kleine Stücke.
2. Ei und Milch verrühren. Mehl, 1/2 Teelöffel Backpulver und eine Prise Salz hinzufügen. Die Nüsse und Pflaumen untermischen.
3. Legen Sie 4 - 6 Papierhüllen ineinander.
4. Heizen Sie den Ofen vor.
5. Die Mi Research füllt die Pappmaché-Tabletten ein. Die Manschetten sollten zu zwei Dritteln gefüllt sein.
6. Legen Sie die Stulpen auf ein Backblech und backen Sie sie im Ofen 40 Minuten lang.
7. Lassen Sie die Muffins abkühlen und bestreichen Sie sie dann mit der Marmelade.

Ernährung Kalorien 250 kcal Kohlenhydrate 28 g Eiweiß 7 g Fett 9 g

10. Italienisches Brötchen

Vorbereitungszeit: 10
Minuten Kochzeit: 10
Minuten Portionen: 2

Inhaltsstoffe

- 60 g Mozzarella
- 2 Tomaten
- 2 Mini-Panelino-Rollen
- 2 Teelöffel Knoblauchbutter
- 2 Scheiben italienische Mortadella (20 g)
- 2 Kopfsalatblätter
- 3 Oliven
- Basilikum und farbiger Pfeffer

Wegbeschreibung

1. Tomaten waschen, Stil und Hülle entfernen. Mozzarella und Tomaten in Streifen schneiden.
2. Das Brötchen halbieren und mit Knoblauchbutter bestreichen.
3. Heizen Sie den Ofen vor.
4. Jeweils die Hälfte mit Mortadella, Tomatenscheiben, Mozzarella und Basilikum belegen. Pfeffer mahlen und darüber streuen. Die andere Brötchenhälfte darauflegen.
5. Legen Sie die Brötchen in den Backofen und bräunen Sie sie 3 Minuten lang oder bräunen Sie sie auf einem Grill ca. 3 Minuten lang.
6. Nehmen Sie die Brötchen heraus und servieren Sie sie auf Tellern. Mit Oliven, Salat und den restlichen Tomatenscheiben garnieren.

ErnährungKalorien 320 kcalKohlenhydrate 30 g Eiweiß 13 g Fett 16 g

MITTAGESSEN

11. Zimt geröstete Mandeln

Zubereitungszeit: 10
Minuten Kochzeit: 25
Minuten Portionen: 8

Zutaten:

- 2 Tassen ganze Mandeln
- 1 Esslöffel Olivenöl
- 1 Teelöffel gemahlener Zimt
- ½ Teelöffel Salz

Wegbeschreibung:

1. Heizen Sie den Ofen auf 325°F vor und legen Sie ein Backblech mit Pergamentpapier aus.
2. Werfen Sie die Mandeln, das Olivenöl, den Zimt und das Salz zusammen.
3. Verteilen Sie die Mandeln in einer einzigen Schicht auf dem Backblech.
4. 25 Minuten unter mehrmaligem Umrühren backen, bis sie geröstet sind.

Ernährung: Kalorien 150 Fett 13,6g Kohlenhydrate 5,3g, Kohlenhydrate 2,2g Eiweiß 5g Zucker 1g Ballaststoffe 3,1g Natrium 148mg

12. Jakobsmuscheln mit grünem Gemüse

Zubereitungszeit: 10 Minuten
Garzeit: 8-11 Minuten
Portionen: 4

Zutaten:

- 1 Tasse grüne Bohnen
- 1 Tasse gefrorene Erbsen
- 1 Tasse gefrorener gehackter Brokkoli
- 2 Teelöffel Olivenöl
- ½ Teelöffel getrocknetes Basilikum
- ½ Teelöffel getrockneter Oregano
- 12 Unzen Jakobsmuscheln

Wegbeschreibung:

1. Schwenken Sie in einer großen Schüssel die grünen Bohnen, Erbsen und den Brokkoli mit dem Olivenöl. Legen Sie sie in den Korb der Heißluftfritteuse. Frittieren Sie das Gemüse 4 bis 6 Minuten lang, oder bis es knackig-zart ist.

2. Nehmen Sie das Gemüse aus dem Frittierkorb und bestreuen Sie es mit den Kräutern. Beiseite stellen.

3. Legen Sie die Jakobsmuscheln in den Korb der Luftfritteuse und frittieren Sie sie 4 bis 5 Minuten lang, oder bis die Jakobsmuscheln fest sind und auf einem Fleischthermometer eine Innentemperatur von knapp 145°F erreichen.

4. Schwenken Sie die Jakobsmuscheln mit dem Gemüse und servieren Sie sie sofort.

Ernährung: Kalorien: 124 Fett: 3gProtein: 14g Kohlenhydrate: 11gNatrium: 56mgBallaststoffe: 3gZucker: 3g

13. Fettarmes Steak

Vorbereitungszeit: 10
Minuten Kochzeit: 10
Minuten Portionen: 3
Zutaten:
- 400 g Rindersteak
- 1 Teelöffel weißer Pfeffer
- 1 Teelöffel Kurkuma
- 1 Teelöffel Koriander
- 1 Teelöffel Olivenöl
- 3 Teelöffel Zitronensaft
- 1 Teelöffel Oregano
- 1 Teelöffel Salz
- 100 g Wasser

Wegbeschreibung:
1. Reiben Sie die Steaks mit weißem Pfeffer und Kurkuma ein und legen Sie sie in die große Schüssel.
2. Bestreuen Sie das Fleisch mit Salz, Oregano, Koriander und Zitronensaft.
3. Lassen Sie die Steaks 20 Minuten ruhen.
4. Kombinieren Sie Olivenöl und Wasser miteinander und geben Sie es in die Schüssel mit den Steaks.
5. Grillen Sie die Steaks in der Heißluftfritteuse für 10 Minuten von beiden Seiten.
6. Servieren Sie es sofort.

Ernährung: Kalorien - 268 kcal Proteine - 40,7 Gramm Fette - 10,1 Gramm Kohlenhydrate - 1,4 Gramm

14. Huhn in Tomatensaft

Zubereitungszeit: 10 Minuten
Kochzeit: 15 Minuten
Portionen: 3
Zutaten:

- 350 g Hähnchenfilet
- 200 g Tomatensaft
- 100 g Tomaten
- 2 Teelöffel Basilikum
- 1 Teelöffel Chili
- 1 Teelöffel Oregano
- 1 Teelöffel Rosmarin
- 1 Teelöffel Olivenöl
- 1 Teelöffel Minze
- 1 Teelöffel Zitronensaft

Wegbeschreibung:

1. Nehmen Sie eine Schüssel und bereiten Sie die Tomatensauce zu: Kombinieren Sie Basilikum, Chili, Oregano, Rosmarin und Olivenöl, Minze und Zitronensaft und rühren Sie die Mischung sehr vorsichtig um.
2. Sie können einen Handmixer verwenden, um die Masse zu mischen. Dadurch wird die Mischung glatt.
3. Nehmen Sie ein Hähnchenfilet und teilen Sie es in 3 Stücke.
4. Legen Sie das Fleisch in die Tomatenmischung und lassen Sie es 15 Minuten lang stehen.
5. In der Zwischenzeit heizen Sie den Ofen der Luftfritteuse auf 230 C vor.

6. Geben Sie die Fleischmischung auf das Blech und schieben Sie es für mindestens 15 Minuten in den Ofen.

Ernährung: Kalorien - 258 kcal Proteine - 34,8 Gramm Fette - 10,5 Gramm Kohlenhydrate - 5,0 Gramm

15. Spicy Lamb Sirloin Steak

Zubereitungszeit: 10 Minuten
Garzeit: 20 Minuten
Portionen: 4

Zutaten:

- 1-Pfund-Lammlendensteaks, aus Weidehaltung, ohne Knochen
- Für die Marinade:
- ½ der weißen Zwiebel, geschält
- 1 Teelöffel gemahlener Fenchel
- 5 Knoblauchzehen, geschält
- 4 Scheiben Ingwer
- 1 Teelöffel Salz
- 1/2 Teelöffel gemahlener Kardamom
- 1 Teelöffel Garam Masala
- 1 Teelöffel gemahlener Zimt
- 1 Teelöffel Cayennepfeffer

Wegbeschreibung:

1. Geben Sie alle Zutaten für die Marinade in eine Küchenmaschine und pulsieren Sie, bis sie gut vermischt sind.
2. Schneiden Sie die Lammkoteletts mit einem Messer ein, legen Sie sie dann in eine große Schüssel und geben Sie die vorbereitete Marinade hinein.
3. Gut mischen, bis die Lammkoteletts mit der Marinade überzogen sind, und mindestens 30 Minuten im Kühlschrank marinieren lassen.

4. Dann schalten Sie die Fritteuse ein, setzen den Fritteusenkorb ein, fetten ihn mit Olivenöl ein, schließen ihn mit dem Deckel, stellen die Fritteuse auf 330 Grad F ein und heizen 5 Minuten vor.
5. Öffnen Sie die Fritteuse, geben Sie die Lammkoteletts hinein, schließen Sie sie mit dem Deckel und braten Sie sie 15 Minuten lang, bis sie schön goldbraun und gar sind, wobei Sie die Steaks nach der Hälfte der Bratzeit wenden.
6. Wenn die Fritteuse piept, den Deckel öffnen, die Lammsteaks auf einen Servierteller geben und servieren.

Ernährung: Kalorien: 182 Kalorien Kohlenhydrate: 3 g Fett: 7 Eiweiß: 24 g
Ballaststoffe: 1 g

16. Schweinskopfkoteletts mit Gemüse

Vorbereitungszeit: 10
Minuten Kochzeit: 20
Minuten Portionen: 2-4

Zutaten:

- 4 Schweinskopfkoteletts
- 2 rote Tomaten
- 1 große grüne Paprika
- 4 Pilze
- 1 Zwiebel
- 4 Scheiben Käse
- Salz
- Gemahlener Pfeffer
- Natives Olivenöl extra

Wegbeschreibung:

1. Legen Sie die vier Koteletts auf einen Teller und salzen und pfeffern Sie sie.
2. Legen Sie zwei der Koteletts in den Korb der Heißluftfritteuse.
3. Legen Sie Tomatenscheiben, Käsescheiben, Paprikascheiben, Zwiebelscheiben und Pilzscheiben. Fügen Sie einige Fäden Öl hinzu.
4. Nehmen Sie die Luftfritteuse und wählen Sie 1800C, 15 Minuten.
5. Prüfen Sie, ob das Fleisch gut gemacht ist und nehmen Sie es heraus.
6. Wiederholen Sie den gleichen Vorgang mit den anderen beiden Schweinekoteletts.

Ernährung: Kalorien: 106 Fett: 3.41g Kohlenhydrate: 0g Eiweiß: 20.99g Zucker: 0g Cholesterin: 0mg

17. Schweinefilets mit Serrano-Schinken

Zubereitungszeit: 10 Minuten
Kochzeit: 20 Minuten
Portionen: 4

Zutaten:

- 400 g sehr dünn geschnittene Schweinefilets
- 2 gekochte und zerkleinerte Eier
- 100 g gehackter Serrano-Schinken
- 1 verquirltes Ei
- Semmelbrösel

Wegbeschreibung:

1. Machen Sie eine Rolle mit den Schweinefilets. Halbgekochtes Ei und Serrano-Schinken einlegen. Damit die Rolle ihre Form nicht verliert, mit einer Schnur oder Essstäbchen befestigen.
2. Ziehen Sie die Brötchen durch das verquirlte Ei und dann durch die Semmelbrösel, bis sie eine gute Schicht bilden.
3. Stellen Sie die Temperatur der Luftfritteuse für einige Minuten auf 180° C ein.
4. Legen Sie die Brötchen in den Korb und stellen Sie den Timer für ca. 8 Minuten bei 180º C ein.
5. Servieren.

Ernährung: Kalorien: 424 kcal Fett: 15.15gKohlenhydrate: 37.47g Eiweiß: 31.84g

18. Rindfleisch mit Sesam und Ingwer

Zubereitungszeit: 10 Minuten
Garzeit: 23 Minuten
Portionen: 4-6

Zutaten:

- ½ Tasse Tamari oder Sojasauce
- 3 Esslöffel Olivenöl
- 2 Esslöffel geröstetes Sesamöl
- 1 Esslöffel brauner Zucker
- 1 Esslöffel gemahlener frischer Ingwer
- 3 Knoblauchzehen, gehackt
- 1 bis 1½ Pfund Skirt-Steak, Lende ohne Knochen oder Lende

Wegbeschreibung:

1. Tamari-Sauce, Öle, braunen Zucker, Ingwer und Knoblauch in einer kleinen Schüssel verrühren. Geben Sie das Rindfleisch in einen viertelgroßen Plastikbeutel und gießen Sie die Marinade in den Beutel. Drücken Sie so viel Luft wie möglich in den Beutel und verschließen Sie ihn.

2. 1 bis 1½ Stunden in den Kühlschrank stellen, dabei nach der Hälfte der Zeit wenden. Nehmen Sie das Fleisch aus der Marinade und entsorgen Sie die Marinade. Trocknen Sie das Fleisch mit Papiertüchern ab. Garen Sie das Fleisch bei einer Temperatur von 350°F für 20 bis 23 Minuten und wenden Sie es nach der Hälfte der Garzeit.

Ernährung: Kalorien: 381 Fett: 5g Kohlenhydrate: 9,6g Eiweiß: 38g Zucker: 1,8g Cholesterin: 0mg

19. Lendensteak

Vorbereitungszeit: 10
Minuten Kochzeit: 15
Minuten Portionen: 6
Zutaten:
- 2 Rinderlendensteaks, grasgefüttert
- 1 Esslöffel Olivenöl
- 2 Esslöffel Steakgewürz

Wegbeschreibung:
1. Luftfritteuse einschalten, Frittierkorb einsetzen, mit Olivenöl einfetten, dann mit dem Deckel verschließen, Fritteuse auf 392 Grad F einstellen und 5 Minuten vorheizen.
2. In der Zwischenzeit die Steaks abtrocknen, dann mit Öl bepinseln und anschließend mit Steakgewürz gut würzen, bis sie von beiden Seiten bedeckt sind.
3. Öffnen Sie die Fritteuse, geben Sie die Steaks hinein, schließen Sie sie mit dem Deckel und garen Sie sie 10 Minuten lang, bis sie schön goldbraun und knusprig sind, wobei Sie die Steaks nach der Hälfte der Bratzeit wenden.
4. Wenn die Fritteuse piept, öffnen Sie den Deckel, geben Sie die Steaks auf einen Servierteller und servieren Sie sie.

Ernährung: Kalorien: 253,6 Kohlenhydrate: 0,2 g Fett: 18,1 g Eiweiß: 21.1 g Faser: 0,1 g

20. Popcorn mit Zimtgewürz

Zubereitungszeit: 10 Minuten
Kochzeit: 5 Minuten
Portionen: 4

Zutaten:

- 8 Tassen luftgepoppter Mais
- 2 Teelöffel Zucker
- ½ bis 1 Teelöffel gemahlener Zimt
- Kochspray mit Buttergeschmack

Wegbeschreibung:

1. Heizen Sie den Ofen auf 350°F vor und legen Sie eine flache Bratpfanne mit Folie aus.
2. Knacken Sie das Popcorn nach Ihrer bevorzugten Methode.
3. Verteilen Sie das Popcorn in der Röstpfanne und mischen Sie den Zucker und den Zimt in einer kleinen Schüssel.
4. Besprühen Sie das Popcorn leicht mit Kochspray und schwenken Sie es, um es gleichmäßig zu beschichten.
5. Mit Zimt bestreuen und erneut schwenken.
6. 5 Minuten backen, bis sie gerade knusprig sind, dann warm servieren.

Ernährung: Kalorien 70 Fett 0,7g Kohlenhydrate 14,7g Kohlenhydrate 12,2g Eiweiß 2,1g Zucker 2,2g Ballaststoffe 2,5g Natrium 1mg

21. Lammkotelettsmit Knoblauch und Rosmarin

Zubereitungszeit: 10 Minuten

Garzeit: 12 Minuten

Portionen: 4

Zutaten:

- 4 Lammkoteletts, aus Weidehaltung
- 1 Teelöffel gemahlener schwarzer Pfeffer
- 2 Teelöffel gehackter Knoblauch
- 1 ½ Teelöffel Salz
- 2 Teelöffel Olivenöl
- 4 Knoblauchzehen, geschält
- 4 Rosmarinzweige

Wegbeschreibung:

1. Nehmen Sie die Bratpfanne, legen Sie die Lammkoteletts hinein, würzen Sie die Oberseite mit ½ Teelöffel schwarzem Pfeffer und ¾ Teelöffel Salz, dann gleichmäßig mit Öl beträufeln und mit 1 Teelöffel gehacktem Knoblauch bestreichen.

2. Fügen Sie die Knoblauchzehen und den Rosmarin hinzu und lassen Sie die Lammkoteletts dann mindestens 1 Stunde in der Pfanne im Kühlschrank marinieren.

3. Dann schalten Sie die Fritteuse ein, setzen die Fritteuse ein, schließen sie mit dem Deckel, stellen die Fritteuse auf 360 Grad F ein und garen sie 6 Minuten lang.

4. Die Lammkoteletts wenden, mit restlichem Salz und schwarzem Pfeffer würzen, restlichen gehackten Knoblauch dazugeben und

6 Minuten weitergaren oder bis die Lammkoteletts gar sind.

5. Wenn die Fritteuse piept, öffnen Sie den Deckel, legen Sie die Lammkoteletts auf eine Servierplatte und servieren Sie sie.

Ernährung: Kalorien: 616 Kalorien Kohlenhydrate: 1 g Fett: 28 g Eiweiß: 83 g
Faser: 0,3 g

DINNER

22. Amazing Overnight Apfel und Zimt Haferflocken

Zubereitungszeit: 10

Minuten Garzeit: 7 Stunden

Portionen: 2

Inhaltsstoffe

- ¾ Tasse Kokosnussmilch
- 1 ganzer gewürfelter Apfel
- ½ Tasse Stahl geschnitten Hafer
- ½ Esslöffel roher Honig

Was Sie aus dem Vorratsschrank benötigen

- 1 Esslöffel Kokosnussöl
- ¾ Tasse Wasser, frisch
- ¼ Esslöffel Salz nach Geschmack, Meer
- 1 Esslöffel Zimt

Wegbeschreibung:

1. Besprühen Sie Ihren Crockpot mit Speiseöl. Dies soll verhindern, dass das Essen anhaftet.
2. Fügen Sie Wasser, Kokosmilch, Äpfel, Haferflocken, Kokosnussöl, rohen Honig, Salz und Zimt hinzu. Umrühren, um zu kombinieren.
3. Zudecken und ca. 6-7 Stunden auf niedriger Stufe kochen.
4. Heiß mit den Lieblingsbelägen servieren.

Ernährung: Kalorien: 284, Fett: 17,9 g, Kohlenhydrate: 30,3 g, Eiweiß: 4,2 g, Zucker: 1,3 g, Ballaststoffe: 4,7 g, Natrium: 30 mg, Kalium: 90 mg

23. Zoodles mit Erbsenpesto

Vorbereitungszeit: 10
Minuten Kochzeit: 10
Minuten Portionen: 2
Zutaten:

- 1 ½ Zucchini
- 1 Esslöffel kaltgepresstes Olivenöl
- Prise Meersalz
- Erbsen-Pesto

Wegbeschreibung:

1. Schneiden Sie die Zucchini mit einem Gemüseschäler der Länge nach in lange Streifen. Verwenden Sie ein Messer, um die Streifen in die gewünschte Breite zu schneiden. Alternativ können Sie einen Spiralisierer verwenden, um die Zucchini in Nudeln zu schneiden.
2. Erhitzen Sie das Olivenöl in einer großen Pfanne, bis es bei mittlerer bis hoher Hitze schimmert. Fügen Sie die Zucchini hinzu und braten Sie sie etwa 3 Minuten lang, bis sie weich sind. Fügen Sie das Meersalz hinzu.
3. Die Zucchini-Nudeln mit dem Pesto

schwenken. **Ernährung:** Kalorien: 348 kcal Fett: 30g
Natrium: 343mg Kohlenhydrate: 13g Ballaststoffe:
1g Eiweiß: 10g

24. Shrimp Peri-Peri

Zubereitungszeit: 10
Minuten Kochzeit: 15
Minuten Portionen: 2

Zutaten:

- Peri-Peri-Soße
- ½ Pfund große Garnelen, geschält und entdarmt
- 1 Esslöffel kaltgepresstes Olivenöl
- Meersalz

Wegbeschreibung:

1. Heizen Sie den Backofengrill auf hoher Stufe vor.
2. Bringen Sie die Peri-Peri-Soße in einem kleinen Topf zum Köcheln.
3. Legen Sie in der Zwischenzeit die geputzten Garnelen mit der entdarmten Seite nach unten auf ein umrandetes Backblech. Pinseln Sie sie mit Olivenöl ein und bestreuen Sie sie mit Salz.
4. Grillen, bis sie undurchsichtig sind, ca. 5 Minuten. Servieren Sie die Sauce zum Dippen an der Seite oder löffeln Sie sie über die Shrimps.

Ernährung: Kalorien: 279 kcal Fett: 16g Natrium: 464mg Kohlenhydrate: 10g Ballaststoffe: 3g Eiweiß: 24g

25. Heilbutt mit Limette und Koriander

Vorbereitungszeit: 30
Minuten Kochzeit: 45
Minuten Portionen: 2

Zutaten:

- 2 Esslöffel Limettensaft
- 1 Esslöffel gehackter frischer Koriander
- 1 Teelöffel Oliven- oder Rapsöl
- 1 Knoblauchzehe, fein gehackt
- 2 Heilbutt- oder Lachssteaks (ca. ¾ lb.)
- Frisch gemahlener Pfeffer zum Abschmecken
- ½ Tasse stückige Salsa

Wegbeschreibung:

1. In einer flachen Glas- oder Kunststoffschale oder in einem wiederverschließbaren Plastikbeutel Limettensaft, Koriander, Öl und Knoblauch mischen. Heilbutt hinzufügen und mehrmals wenden, um ihn mit der Marinade zu überziehen. Abdecken; 15 Minuten in den Kühlschrank stellen, dabei einmal wenden.
2. Erhitzen Sie den Gas- oder Holzkohlegrill. Heilbutt aus der Marinade nehmen; Marinade wegwerfen.
3. Legen Sie den Heilbutt bei mittlerer Hitze auf den Grill. Den Grill abdecken; 10 bis 20 Minuten garen, dabei einmal wenden, bis der Heilbutt mit einer Gabel leicht zerfällt. Mit Pfeffer bestreuen. Mit Salsa servieren.

Ernährung: Kalorien: 190 kcal Fett: 4,5g Cholesterin: 90mg Natrium: 600mg Kohlenhydrate: 6g Ballaststoffe: 0g Zucker: 2g
Eiweiß: 32g

26. Herbstliche Schweinekoteletts mit Rotkohl und Äpfeln

Zubereitungszeit: 15 Minuten Kochzeit: 30 Minuten Portionen: 2

Zutaten:

- 1/8 Tasse Apfelessig
- 1 Esslöffel granulierter Süßstoff
- 2 (4 oz.) Schweinekoteletts, etwa 1 Zoll dick
- ½ Esslöffel extra-natives Olivenöl
- ¼ Rotkohl, fein geraspelt
- ½ süße Zwiebel, in dünne Scheiben geschnitten
- ½ Apfel, geschält, entkernt und in Scheiben geschnitten
- ½ Teelöffel gehackter frischer Thymian

Wegbeschreibung:

1. Verrühren Sie den Essig und den Süßstoff miteinander. Stellen Sie es beiseite.
2. Würzen Sie das Schweinefleisch mit Salz und Pfeffer.
3. Stellen Sie eine große Pfanne auf mittlere bis hohe Hitze und geben Sie das Olivenöl hinein.
4. Braten Sie die Schweinekoteletts, bis sie nicht mehr rosa sind, einmal wenden, etwa 8 Minuten pro Seite.
5. Koteletts beiseite stellen.
6. Geben Sie den Kohl und die Zwiebel in die Pfanne und braten Sie sie an, bis das Gemüse weich geworden ist (ca. 5 Minuten).

7. Geben Sie die Essigmischung und die Apfelspalten in die Pfanne und bringen Sie die Mischung zum Kochen.
8. Stellen Sie die niedrige Hitze ein und köcheln Sie weitere 5 Minuten.
9. Geben Sie die Schweinekoteletts zusammen mit dem Saft und dem Thymian zurück in die Pfanne, decken Sie sie ab und kochen Sie sie weitere 5 Minuten.

Ernährung: Kalorien: 223 kcal Fett: 12g Kohlenhydrate: 3g

27. Orange-mariniertes Schweinefilet

Vorbereitungszeit: 2 Stunden Kochzeit: 30 Minuten Portionen: 2

Zutaten:

- 1/8 Tasse frisch gepresster Orangensaft
- 1 Teelöffel Orangenschale
- 1 Teelöffel gehackter Knoblauch
- ½ Teelöffel natriumarme Sojasauce
- ½ Teelöffel geriebener frischer Ingwer
- ½ Teelöffel Honig
- ¾ Pfund Schweinefiletbraten
- ½ Esslöffel extra-natives Olivenöl

Wegbeschreibung:

1. Mischen Sie den Orangensaft, die Schale, den Knoblauch, die Sojasauce, den Ingwer und den Honig miteinander.
2. Gießen Sie die Marinade in einen wiederverschließbaren Plastikbeutel und geben Sie das Schweinefilet hinein.
3. Entfernen Sie so viel Luft wie möglich und verschließen Sie den Beutel. Marinieren Sie das Schweinefleisch unter mehrmaligem Wenden des Beutels 2 Stunden lang im Kühlschrank.
4. Heizen Sie den Ofen auf 400°F vor.
5. Filet aus der Marinade nehmen und die Marinade entsorgen.
6. Stellen Sie eine große ofenfeste Pfanne auf mittlere bis hohe Hitze und geben Sie das Öl hinein.

7. Braten Sie das Schweinefilet von allen Seiten an, insgesamt etwa 5 Minuten.
8. Bratpfanne in den Ofen schieben und 25 Minuten braten.
9. Vor dem Servieren 10 Minuten beiseite stellen.

Ernährung: Kalorien: 228 kcal Kohlenhydrate: 4g Zucker: 3g

28. Vegetarisches Chipotle-Chili

Zubereitungszeit: 5
Minuten Kochzeit: 6
Stunden Portionen: 2
Zutaten:

- ¼ Zwiebel, gewürfelt
- 2 ¼ oz. Mais, gefroren
- ¾ Karotten, gewürfelt
- Kreuzkümmel gemahlen
- 1 Knoblauchzehe, gehackt
- ½ mittlere Süßkartoffel, gewürfelt
- ¼ Teelöffel Chipotle-Chili-Pulver
- Gemahlener schwarzer Pfeffer
- 1 Tasse Kidneybohnen, gekocht aus getrockneten Bohnen, oder verwenden Sie gespülte Bohnen aus der Dose
- ¼ Esslöffel Salz
- 7 oz. Tomaten, gewürfelt, nicht abgetropft
- ½ Avocado, gewürfelt

Wegbeschreibung:

- Kombinieren Sie in einem Slow Cooker alle Zutaten außer den gewürfelten Avocados.
- 3 Stunden auf höchster Stufe kochen und dann 3 Stunden auf niedriger Stufe kochen, bis das Fleisch gar ist. Falls gewünscht, können Sie auch 4-5 Stunden auf hoher Stufe oder 7-8 Stunden auf niedriger Stufe kochen, bis das Fleisch durchgegart ist.
- Wenn es fertig ist, mit der gewürfelten Avocado servieren und genießen!

Ernährung: Kalorien: 283 kcalFett: 8g Kohlenhydrate: 45g Eiweiß: 11g

29. Wildreis

Zubereitungszeit: 5
Minuten Kochzeit: 2-3
Stunden Portionen: 2

Zutaten:

- ¼ Tasse Zwiebeln, gewürfelt
- ½ Tasse Wildreis, oder Wildreismischung, ungekocht
- ¾ Tassen Hühnerbrühe, natriumarm
- ¼ Tasse gewürfelte grüne oder rote Paprika
- 1/8 Teelöffel Pfeffer
- ½ Esslöffel Öl
- 1/8 Teelöffel Salz
- ¼ Tasse Champignons, in Scheiben geschnitten

Wegbeschreibung:

1. Schichten Sie den Reis und das Gemüse in einen langsamen Kocher und geben Sie dann Öl, Pfeffer und Salz über das Gemüse. Gut umrühren.
2. Erhitzen Sie die Hühnerbrühe in einem Topf und gießen Sie sie dann über die Zutaten im Slow Cooker.
3. Schließen Sie den Deckel und kochen Sie 2 ½-3 Stunden auf höchster Stufe, bis der Reis weich geworden ist und die Flüssigkeit aufgesogen wurde.
4. Servieren und genießen!

Ernährung: Kalorien: 157 kcal Fett: 3g Kohlenhydrate: 27g Eiweiß: 6g

FLEISCH

30. Barbecue-Rinderbrust

Zubereitungszeit: 25
Minuten Garzeit: 10 Stunden
Portionen: 10

Zutaten:

- 4 lb. Rinderbrust (ohne Knochen), getrimmt und in Scheiben geschnitten
- 1 Lorbeerblatt
- 2 Zwiebeln, in Ringe geschnitten
- ½ Teelöffel getrockneter Thymian, zerdrückt
- ¼ Tasse Chili-Sauce
- 1 Knoblauchzehe, gehackt
- Salz und Pfeffer nach Geschmack
- 2 Esslöffel hellbrauner Zucker
- 2 Esslöffel Speisestärke
- 2 Esslöffel kaltes Wasser

Wegbeschreibung:

1. Geben Sie das Fleisch in einen Slow Cooker.
2. Fügen Sie das Lorbeerblatt und die Zwiebel hinzu.
3. Mischen Sie in einer Schüssel den Thymian, die Chilisauce, Salz, Pfeffer und Zucker.
4. Gießen Sie die Sauce über das Fleisch.
5. Gut mischen.
6. Verschließen Sie den Topf und kochen Sie ihn bei niedriger Hitze 10 Stunden lang.

7. Entsorgen Sie das Lorbeerblatt.
8. Gießen Sie die Kochflüssigkeit in einen Topf.
9. Fügen Sie das gemischte Wasser und die Speisestärke hinzu.
10. Köcheln lassen, bis die Sauce eingedickt ist.
11. Gießen Sie die Sauce über das Fleisch.

Ernährung: Kalorien 182 Fett 6 g Cholesterin 57 mg Kohlenhydrate 9 g Ballaststoffe 1 g Zucker 4 g Eiweiß 20 g Kalium
383 mg

31. Rindfleisch & Spargel

Zubereitungszeit: 15
Minuten Kochzeit: 10
Minuten Portionen: 4

Zutaten:
- 2 Teelöffel Olivenöl
- 1 Pfund mageres Rinderfilet, geputzt und in Scheiben geschnitten
- 1 Karotte, geraspelt
- Salz und Pfeffer nach Geschmack
- 12 oz. Spargel, gestutzt und in Scheiben geschnitten
- 1 Teelöffel getrocknete Herbes de Provence, zerstoßen
- ½ Tasse Marsala
- ¼ Teelöffel Zitronenschale

Wegbeschreibung:
1. Gießen Sie Öl in eine Pfanne bei mittlerer Hitze.
2. Fügen Sie das Rindfleisch und die Karotte hinzu.
3. Mit Salz und Pfeffer würzen.
4. Kochen Sie 3 Minuten lang.
5. Fügen Sie den Spargel und die Kräuter hinzu.
6. Kochen Sie 2 Minuten lang.
7. Fügen Sie den Marsala und die Zitronenschale hinzu.
8. 5 Minuten kochen, dabei häufig umrühren.

Nährwerte: Kalorien 327 Fett 7 g Cholesterin 69 mg Kohlenhydrate 29 g Ballaststoffe 2 g Zucker 3 g Eiweiß 28 g

32. Italienisches Rindfleisch

Zubereitungszeit: 20 Minuten
Garzeit: 1 Stunde und 20 Minuten
Portionen: 4
Zutaten:

- Kochspray
- 1 lb. Rinder-Rundsteak, getrimmt und in Scheiben geschnitten
- 1 Tasse Zwiebel, gehackt
- 2 Knoblauchzehen, gehackt
- 1 Tasse grüne Paprika, gehackt
- ½ Tasse Staudensellerie, gehackt
- 2 Tassen Champignons, in Scheiben geschnitten
- 14 ½ oz. gewürfelte Tomaten in Dosen
- ½ Teelöffel getrocknetes Basilikum
- ¼ Teelöffel getrockneter Oregano
- 1/8 Teelöffel zerstoßener roter Pfeffer
- 2 Esslöffel Parmesankäse, gerieben

Wegbeschreibung:

1. Sprühen Sie Öl in die Pfanne bei mittlerer Hitze.
2. Braten Sie das Fleisch, bis es auf beiden Seiten braun ist.
3. Geben Sie das Fleisch auf einen Teller.
4. Zwiebel, Knoblauch, Paprika, Sellerie und Pilze in die Pfanne geben.
5. Kochen, bis sie weich sind.
6. Fügen Sie die Tomaten, die Kräuter und den Pfeffer hinzu.
7. Geben Sie das Fleisch zurück in die Pfanne.

8. Zugedeckt 1 Stunde und 15 Minuten köcheln lassen.
9. Gelegentlich umrühren.
10. Streuen Sie vor dem Servieren Parmesankäse über das Gericht.

Ernährung: Kalorien 212 Fett 4 g Cholesterin 51 mg
Kohlenhydrate 14 g Ballaststoffe 3 g Eiweiß 30 g Kalium 876 mg

33. Lamm & Kichererbsen

Vorbereitungszeit: 30
Minuten Kochzeit: 30
Minuten Portionen: 4

Zutaten:

- 1 lb. Lammkeule (ohne Knochen), getrimmt und in kleine Stücke geschnitten
- 2 Esslöffel Olivenöl
- 1 Teelöffel gemahlener Koriander
- Salz und Pfeffer nach Geschmack
- ½ Teelöffel gemahlener Kreuzkümmel
- ¼ Teelöffel roter Pfeffer, zerstoßen
- ¼ Tasse frische Minze, gehackt
- 2 Teelöffel Zitronenschale
- 2 Knoblauchzehen, gehackt
- 30 oz. ungesalzene Kichererbsen, abgespült und abgetropft
- 1 Tasse Tomaten, zerkleinert
- 1 Tasse Englische Gurke, gehackt
- ¼ Tasse frische Petersilie, geschnippelt
- 1 Esslöffel Rotweinessig

Wegbeschreibung:

1. Heizen Sie Ihren Ofen auf 375 Grad F vor.
2. Legen Sie das Lammfleisch auf eine Auflaufform.
3. Die Hälfte der folgenden Zutaten einrühren: Öl, Kreuzkümmel und Koriander.
4. Mit rotem Pfeffer, Salz und Paprika würzen.
5. Gut mischen.

6. 20 Minuten braten.
7. Vermengen Sie in einer Schüssel die restlichen Zutaten mit den restlichen Gewürzen.
8. Fügen Sie Salz und Pfeffer hinzu.
9. Lammfleisch mit Kichererbsenmischung servieren.

Ernährung: Kalorien 366 Fett 15 g Cholesterin 74 mg Natrium 369 mg Kohlenhydrate 27 g Ballaststoffe 7 g Eiweiß 32 g

34. Lamm mit Brokkoli & Karotten

Zubereitungszeit: 20
Minuten Kochzeit: 10
Minuten Portionen: 4

Zutaten:

- 2 Knoblauchzehen, gehackt
- 1 Esslöffel frischer Ingwer, gerieben
- ¼ Teelöffel roter Pfeffer, zerstoßen
- 2 Esslöffel natriumarme Sojasauce
- 1 Esslöffel weißer Essig
- 1 Esslöffel Speisestärke
- 12 oz. Lammfleisch, zurechtgeschnitten und in Scheiben geschnitten
- 2 Teelöffel Speiseöl
- 1 lb. Brokkoli, in Röschen geschnitten
- 2 Möhren, in Streifen geschnitten
- ¾ Tasse natriumarme Rinderbrühe
- 4 Frühlingszwiebeln, gehackt
- 2 Tassen gekochte Spaghetti Squash Nudeln

Wegbeschreibung:

1. Kombinieren Sie Knoblauch, Ingwer, roten Pfeffer, Sojasauce, Essig und Maisstärke in einer Schüssel.
2. Lammfleisch in die Marinade geben.
3. Marinieren Sie 10 Minuten lang.
4. Marinade wegwerfen.
5. Geben Sie das Öl in eine Pfanne bei mittlerer Hitze.
6. Das Lammfleisch hinzufügen und 3 Minuten lang kochen.

7. Übertragen Sie das Lammfleisch auf einen Teller.
8. Fügen Sie den Brokkoli und die Karotten hinzu.
9. Kochen Sie 1 Minute lang.
10. Gießen Sie die Rinderbrühe hinzu.
11. Kochen Sie 5 Minuten lang.
12. Geben Sie das Fleisch zurück in die Pfanne.
13. Mit Frühlingszwiebeln bestreuen und auf dem Spaghettikürbis servieren.

Ernährung: Kalorien 205 Fett 6 g Cholesterin 40 mg Kohlenhydrate 17 g Ballaststoffe 4 g Eiweiß 22 g

35. Geschmortes Lamm mit Gemüse

Zubereitungszeit: 30 Minuten
Zubereitungszeit: 2 Stunden und 15
Minuten Portionen: 6

Zutaten:

- Salz und Pfeffer nach Geschmack
- 2 ½ lb. entbeinte Lammkeule, getrimmt und in Würfel geschnitten
- 1 Esslöffel Olivenöl
- 1 Zwiebel, gehackt
- 1 Karotte, gehackt
- 14 oz. gewürfelte Tomaten in Dosen
- 1 Tasse natriumarme Rinderbrühe
- 1 Esslöffel frischer Rosmarin, gehackt
- 4 Knoblauchzehen, gehackt
- 1 Tasse Perlzwiebeln
- 1 Tasse Baby-Rübchen, geschält und in Spalten geschnitten
- 1 ½ Tassen Baby-Möhren
- 1 ½ Tassen Erbsen
- 2 Esslöffel frische Petersilie, gehackt

Wegbeschreibung:

1. Streuen Sie Salz und Pfeffer auf beide Seiten des Lamms.
2. Gießen Sie Öl in eine tiefe Pfanne.
3. Garen Sie das Lammfleisch 6 Minuten lang.
4. Übertragen Sie das Lammfleisch auf einen Teller.
5. Zwiebel und Karotte hinzufügen.

6. Kochen Sie 3 Minuten lang.
7. Rühren Sie die Tomaten, die Brühe, den Rosmarin und den Knoblauch ein.
8. 5 Minuten köcheln lassen.
9. Geben Sie das Lammfleisch zurück in die Pfanne.
10. Reduzieren Sie die Hitze auf niedrig.
11. 1 Stunde und 15 Minuten köcheln lassen.
12. Fügen Sie die Perlzwiebel, die Baby-Karotte und die Baby-Rübchen hinzu.
13. 30 Minuten köcheln lassen.
14. Fügen Sie die Erbsen hinzu.
15. Kochen Sie 1 Minute lang.
16. Vor dem Servieren mit Petersilie garnieren.

Ernährung: Kalorien 420 Fett 14 g Cholesterin 126 mg Kohlenhydrate 16 g Ballaststoffe 4 g Eiweiß 43 g

36. Rosemary Lamb

Zubereitungszeit: 15
Minuten Garzeit: 2 Stunden
Portionen: 14

Zutaten:

- Salz und Pfeffer nach Geschmack
- 2 Teelöffel frischer Rosmarin, geschnippelt
- 5 lb. ganze Lammkeule, getrimmt und mit Schlitzen auf allen Seiten geschnitten
- 3 Knoblauchzehen, in Scheiben geschnitten
- 1 Tasse Wasser

Wegbeschreibung:

1. Heizen Sie Ihren Ofen auf 375 Grad F vor.
2. Mischen Sie Salz, Pfeffer und Rosmarin in einer Schüssel.
3. Streuen Sie die Mischung über das gesamte Lammfleisch.
4. Stecken Sie die Knoblauchzehen in die Schlitze.
5. Legen Sie das Lamm auf einen Bratentopf.
6. Geben Sie Wasser in die Pfanne.
7. 2 Stunden lang braten.

Ernährung: Kalorien 136 Fett 4 g Cholesterin 71 mg Natrium 218 mg Eiweiß 23 g Kalium 248 mg

37. Mediterrane Lamm-Frikadellen

Zubereitungszeit: 10
Minuten Garzeit: 20 Minuten
Portionen: 8

Zutaten:

- 12 oz. geröstete rote Paprikaschoten
- 1 ½ Tassen Vollkornbrotkrümel
- 2 Eier, verquirlt
- 1/3 Tasse Tomatensauce
- ½ Tasse frisches Basilikum
- ¼ Tasse Petersilie, geschnippelt
- Salz und Pfeffer nach Geschmack
- 2 lb. mageres Lammhackfleisch

Wegbeschreibung:

1. Heizen Sie Ihren Ofen auf 350 Grad F vor.
2. In einer Schüssel alle Zutaten vermischen und dann zu Frikadellen formen.
3. Legen Sie die Frikadellen auf ein Backblech.
4. Im Backofen 20 Minuten backen.

Ernährung: Kalorien 94 Fett 3 g Cholesterin 35 mg Natrium 170 mg Kohlenhydrate 2 g Ballaststoffe 1 g Eiweiß 14 g

DESSERT

38. Geröstete Cashew-Kekse

Zubereitungszeit: Minuten
Kochzeit: Minuten
Portionen: Portionen: 4

Zutaten

- 2 Tasse ungesüßte, getrocknete Kokosnuss
- 2 Esslöffel Kokosnussmehl
- 3/4 Tasse Cashewnüsse, geröstet
- ¼ Tasse natives Kokosnussöl extra, geschmolzen
- 2 Eier
- 1/4 Tasse zuckerfreie Schokoladenchips
- 1/4 Tasse Swerve
- 1 Esslöffel Vanilleextrakt

Wegbeschreibung

1. Stellen Sie den Ofen auf 320 Grad F ein.
2. Legen Sie ein Backblech mit einem Pergamentpapier aus. Legen Sie es beiseite.
3. Pürieren Sie alles in einem Mixer, bis auf die Schokoladenspäne.
4. Heben Sie die Schokoladenchips unter und formen Sie aus diesem Teig 8 Kekse.
5. Legen Sie die Kekse in das Backblech und backen Sie sie 20 Minuten lang.

6. Servieren

Nährwert: 211 Kalorien1,7 g Fett 212 mg Cholesterin53 mg Natrium 17,5 g Kohlenhydrate 0,6 g Ballaststoffe0,5 g Gesamtzucker 6,1 g Eiweiß

39. Cremige Mousse au Chocolat

Vorbereitungszeit: 10
Minuten Kochzeit: 10
Minuten Portionen: 2

Inhaltsstoffe

- 3 Eiweiß
- 1 Tasse Kokosnusscreme Vollrahm aus der Dose
- 4 Esslöffel ungesüßtes Kakaopulver
- 2 Esslöffel Swerve

Wegbeschreibung

1. Trennen Sie das Eigelb vom Eiweiß.
2. Schlagen Sie das Eiweiß 2 Minuten lang in einem elektrischen Mixer.
3. Xylit hinzufügen und gut mischen.
4. Rühren Sie langsam die Kokosnusscreme und das Kakaopulver ein.
5. Stellen Sie die Mousse für 2 Stunden in den Kühlschrank.
6. Mit Kokosnussflocken garnieren.
7. Servieren.

Nährwerte: 121 Kalorien1,5 g Fett 322 mg Cholesterin143 mg Natrium12,5 g Kohlenhydrate0 g Ballaststoffe0,5 g Gesamtzucker
7,4 g Eiweiß

40. Kokosnuss Bounty Riegel

Vorbereitungszeit: 10
Minuten Kochzeit: 10
Minuten Portionen: 4

Inhaltsstoffe

- 2 Tassen ungesüßte, getrocknete Kokosnuss
- 1/2 Tasse Kokosnusscreme aus der Dose
- 1/3 Tasse Erythritol
- 1/3 Tasse kaltgepresstes

Kokosnussöl Schokoladenüberzug

- 6 oz. zuckerfreie Schokoladenchips
- 2 Teelöffel extra natives Kokosnussöl
- 1-2 Stevia-Tropfen - nach Geschmack

Wegbeschreibung

1. Legen Sie eine quadratische Pfanne (10 Zoll) mit einer Frischhaltefolie aus.
2. Alles außer der Kuvertüre in einem Mixer pürieren.
3. Gut mischen, bis der Teig glatt ist.
4. Wickeln Sie den Teig mit der Frischhaltefolie ein und frieren Sie ihn 10 Minuten lang ein.
5. Schneiden Sie den Teig in 20 Riegel.
6. Schmelzen Sie die Schokoladenchips mit den Steviadrops in der Mikrowelle, indem Sie sie 30 Sekunden lang erhitzen.
7. Tauchen Sie jeden Riegel in die geschmolzene Schokolade.
8. Frieren Sie die Riegel für 10 Minuten ein.
9. Servieren.

Nährwert: 281 Kalorien 9,7 g Fett 228 mg Cholesterin160 mg
Natrium 0,5 g Kohlenhydrate 0 g Ballaststoffe 0,5 g
Gesamtzucker
7,4 g Eiweiß

41. Heidelbeer-Mandel-Torte

Zubereitungszeit: 10 Minuten
Garzeit: 25 Minuten
Portionen: 4

Inhaltsstoffe

- Walnüsse-Mandel-Kruste
- 1 Tasse Walnüsse
- 6 Esslöffel Mandelmehl
- 2 Esslöffel Kokosnussöl
- 1 Eiweiß
- Vanilleextrakt 2-3

Tropfen Füllung

- 1 Tasse gefrorene Heidelbeeren
- 2 Esslöffel Chiasamen

Wegbeschreibung

Walnüsse-Mandel-Kruste

1. Zerkleinern Sie alles in einer Küchenmaschine und formen Sie den Teig zu einer Kugel.
2. Umwickeln Sie diese Kugel mit einer Frischhaltefolie und rollen Sie sie zu einer Kruste.
3. Legen Sie diese Mandelkruste in den

Tortenhügel. Füllung

1. Mischen Sie Chiasamen mit Blaubeeren in einer Schüssel.
2. Gießen Sie diese Mischung in die Kruste.

3. Machen Sie mit einem Teil des restlichen Teigs ein Kreuzmuster auf der Oberseite.
4. 25 Minuten backen. Servieren.

Nährwert: 221 Kalorien0,7 g Fett28 mg Cholesterin16 mg Natrium

21,5 g Kohlenhydrate0 g Ballaststoffe3,2 g Gesamtzucker0,4 g Eiweiß.

42. Chia-Kokos-Pudding

Zubereitungszeit: 10 Minuten

Kochzeit: 0 Minuten

Portionen: 2

Inhaltsstoffe

- 1/3 Tasse Chia-Samen
- 1/4 Tasse. ungesüßtes Kakaopulver
- Stevia, nach Geschmack
- 1/3 Tasse roher Kakao (Nibs)
- 2 1/2 Tasse zuckerfreie Schokoladen-Mandel-Milch

Wegbeschreibung

1. Mischen Sie Chiasamen, Stevia, Kakaonibs, Kakaopulver und Milch in einer Schüssel.
2. Decken Sie die Chiasamenmischung ab und stellen Sie sie für 4 Stunden in den Kühlschrank.
3. Mit Kakaonibs, Beeren und Kokosnusscreme garnieren.
4. Servieren.

Nährwert: 253 Kalorien10,2 g Fett 312 mg Cholesterin11 mg Natrium17,5 g Kohlenhydrate0,4 g Ballaststoffe12,5 g Gesamtzucker0,4 g Eiweiß

SPEZIELLE DIABETIKER-

43. Pizza Spargel und Asiago mit roter Pfeffersauce

Zubereitungszeit: 10 Minuten
Kochzeit: 15 Minuten
Portionen: 4

Zutaten:

- 8 Spargelstangen, harte Enden abgeschnitten, Stangen der Länge nach halbiert und in 2-Zoll-Stücke geschnitten
- 1 vorbereitete Vollkorn-Pizzakruste oder 1 (12-Zoll) gekaufte vorgebackene dünne Vollkorn-Pizzakruste
- 1 Rezept Pizzasoße mit gerösteter roter Paprika
- 3 Unzen geschredderter Asiago-Käse (ca. 3/4 Tasse)

Wegbeschreibung:

1. Stellen Sie einen Backofenrost auf die unterste Sprosse des Ofens. Heizen Sie den Ofen auf 450°F vor.
2. Bringen Sie einen kleinen Topf mit Wasser bei starker Hitze zum Kochen. Fügen Sie den Spargel hinzu und kochen Sie ihn, bis er knackig-zart ist, 2 Minuten. Abtropfen lassen und mit Papiertüchern trocken tupfen.
3. Legen Sie die Kruste auf den unteren Rost des Ofens und backen Sie sie 5 Minuten.
4. Nehmen Sie die Kruste aus dem Ofen und verteilen Sie die Sauce gleichmäßig auf der Kruste, lassen Sie dabei einen Rand von 1/2 Zoll. Den Spargel gleichmäßig über der Sauce anrichten. bestreuen.

mit dem Asiago. Auf der unteren Schiene backen, bis die Kruste gebräunt ist und der Käse schmilzt, etwa 8 Minuten. In 8 Keile schneiden und sofort servieren.

Ernährung: 35 g carb 268 cal11 g fat19 mg chol6 g fib11 g pro425 mg sod

44. Gegrillter Pfirsich und Kokosnuss-Joghurt-Bowls

Zubereitungszeit: 10 Minuten
Kochzeit: 5 Minuten
Portionen: 4

Zutaten:

- 2 Pfirsiche, halbiert und entkernt
- ½ Tasse fettarmer griechischer Joghurt
- 1 Teelöffel reiner Vanilleextrakt
- ¼ Tasse ungesüßte getrocknete Kokosnussflocken
- 2 Esslöffel ungesalzene Pistazien, geschält und in Stücke gebrochen

Wegbeschreibung:

1. Heizen Sie den Broiler auf Hoch vor. Stellen Sie den Rost in die nächstgelegene Position zum Broiler.
2. Legen Sie die Pfirsichhälften mit der Schnittseite nach oben in eine flache Pfanne. Braten Sie sie 6 bis 8 Minuten lang, bis sie gebräunt, zart und heiß sind.
3. Mischen Sie in einer kleinen Schüssel den Joghurt und die Vanille.
4. Löffeln Sie den Joghurt in den Hohlraum jeder Pfirsichhälfte.
5. Streuen Sie 1 Esslöffel Kokosflocken und 1½ Teelöffel Pistazien über jede Pfirsichhälfte. Warm servieren.

Ernährung: Kalorien: 102 Fett: 5g Eiweiß: 5g Kohlenhydrate: 11g Zucker: 8g Ballaststoffe: 2g Natrium: 12mg

45. Hausgemachte Nudeln

Zubereitungszeit: 10 Minuten
Garzeit: 240 Minuten
Portionen: 2
Zutaten:
- 1 Tasse Mozzarella-Käse, gerieben
- 1 Eigelb

Wegbeschreibung:
1. Geben Sie den Mozzarella in eine Schüssel und erwärmen Sie ihn in der Mikrowelle 1-2 Minuten, bis er geschmolzen ist. Lassen Sie ihn 30 Sekunden lang abkühlen.
2. Heben Sie das Eigelb mit einem Gummispatel vorsichtig unter den Käse.
3. Streichen Sie den Teig auf ein mit Pergamentpapier ausgelegtes Backblech. Legen Sie ein weiteres Stück Pergamentpapier auf den Teig und drücken Sie ihn mit der Hand dünn aus.
4. Entfernen Sie das obere Stück Pergament und schneiden Sie den Teig in dünne Streifen. Legen Sie die "Nudeln" auf ein Gestell und kühlen Sie sie vier Stunden oder über Nacht.
5. Zum Kochen 1 Minute lang in kochendes Wasser legen. Abgießen und mit kaltem Wasser übergießen, um ein Anhaften zu verhindern. Mit Ihrer Lieblingssauce servieren.

Ernährung: Kalorien 67 Kohlenhydrate 1g Eiweiß 5g Fett 5g Zucker 0g Ballaststoffe 0g

46. Cantaloupe-Sorbet

Zubereitungszeit: 10 Minuten
Kochzeit: 5 Minuten
Portionen: 4

Zutaten:

- 11/4 Tassen Wasser
- 1/3 Tasse Zucker
- 2 Tassen gehackte Cantaloupe
- 2 Teelöffel Limettensaft

Wegbeschreibung:

1. Wasser und Zucker in einem kleinen Topf verrühren. Bei mittlerer Hitze unter häufigem Rühren kochen, bis sich der Zucker auflöst, etwa 3 Minuten. Lassen Sie das Ganze auf Raumtemperatur abkühlen.

2. Kombinieren Sie Zuckersirup, Cantaloupe und Limettensaft in einer Küchenmaschine und verarbeiten Sie sie, bis sie glatt sind. Kühl stellen, bis sie gekühlt ist (2 Stunden).

3. In eine Eismaschine füllen und gemäß den Anweisungen des Herstellers einfrieren. In einen luftdichten Behälter umfüllen und über Nacht einfrieren. Vor dem Servieren 10 Minuten bei Raumtemperatur stehen lassen. Das Sorbet kann 1 Woche lang eingefroren werden.

Nährwerte: 23 g carb 92 cal 0 g fat0 mg chol1 g fib 1 g pro13 mg sod

47. Butternut-Kürbis-Püree

Zubereitungszeit: 10 Minuten

Garzeit: 25 Minuten

Portionen: 6

Zutaten:

- 3 Pfund ganzer Butternusskürbis (etwa 2 mittlere)
- 2 Esslöffel Olivenöl
- Salz und Pfeffer

Wegbeschreibung:

1. Heizen Sie den Ofen auf 400°F vor und legen Sie ein Backblech mit Pergamentpapier aus.
2. Halbieren Sie den Kürbis und entfernen Sie die Kerne.
3. Schneiden Sie den Kürbis in Würfel, schwenken Sie ihn in Öl und verteilen Sie ihn auf dem Backblech.
4. 25 Minuten lang rösten, bis sie weich sind, dann in eine Küchenmaschine geben.
5. Glatt pürieren und mit Salz und Pfeffer abschmecken.

Ernährung: Kalorien 90 Fett 4,8 g Kohlenhydrate 8,5 g Eiweiß 2,1 g Zucker 1,7 g Ballaststoffe 3,9 g Natrium 4 mg

48. Obst und Nuss Müsli

Zubereitungszeit: 10 Minuten
Kochzeit: 0 Minuten
Portionen: 4
Zutaten:
- 1 Tasse Magermilch
- 1 Esslöffel Honig
- 1 Tasse altmodische Haferflocken
- 1 Tasse frische Heidelbeeren
- 1/4 Tasse Mandeln, geröstet und gehackt

Wegbeschreibung:
1. Kombinieren Sie die Milch und den Honig in einer mittelgroßen Schüssel und rühren Sie, bis alles gut vermischt ist. Rühren Sie die Haferflocken und Blaubeeren ein.
2. Löffeln Sie es in 4 Schalen und bestreuen Sie jede Portion mit 1 Esslöffel der Mandeln. Sie können das Müsli ohne die Mandeln zugedeckt bis zu 4 Tage im Kühlschrank aufbewahren. Bestreuen Sie es kurz vor dem Servieren mit den restlichen Mandeln.

Nährwert: 28 g Kohlenhydrate 183 Kalorien 6 g Fett 1 mg Chol 4 g Faser 7 g Pro 27 mg Natrium

49. Pfirsiche und Sahne Haferflocken Smoothie

Zubereitungszeit: 10 Minuten
Kochzeit: 5 Minuten
Portionen: 1

Zutaten:

- Gefrorene Pfirsichscheiben - 1 Tasse
- Griechischer Joghurt - 1 Tasse
- Haferflocken - ¼ Tasse
- Vanille-Extrakt - ¼ Teelöffel.
- Mandelmilch - 1 Tasse

Wegbeschreibung:

1. Geben Sie alles in einen Mixer und pürieren Sie es, bis es glatt ist.

Ernährung: Kalorien 331 Fett: 4gKohlenhydrate: 46gProtein: 29g

50. Zwei-Minuten-Mikrowellen-Brokkoli mit Zitronenbutter

Zubereitungszeit: 10

Minuten Kochzeit: 0 Minuten

Portionen: 2

Zutaten:

- 2 Tassen Brokkoli-Röschen, in mundgerechte Stücke geschnitten
- 2 Teelöffel Zitronensaft
- 1 Teelöffel ungesalzene Butter
- 1/4 Teelöffel koscheres Salz

Wegbeschreibung:

1. Geben Sie den Brokkoli in eine mikrowellengeeignete Schüssel und decken Sie ihn mit Plastikfolie ab. Mikrowelle auf hoher Stufe für 2 Minuten.

2. Geben Sie in der Zwischenzeit den Zitronensaft, die Butter und das Salz in eine mittelgroße Schüssel.

3. Decken Sie den Brokkoli vorsichtig ab und lassen Sie ihn in einem Sieb abtropfen. Geben Sie ihn zurück in die Schüssel, fügen Sie Zitronensaft, Butter und Salz hinzu und schwenken Sie ihn vorsichtig, um ihn zu überziehen. Sofort servieren.

Ernährung: 3 g carb24 cal1 g fat3 mg chol2 g fib2 g pro85 mg sod

51. Schokoladenkuchen mit fluffigem weißen Frosting

Zubereitungszeit: 10 Minuten
Garzeit: 30 Minuten
Portionen: 12

Zutaten:

- 1 Rezept Schokoladenkuchen
- 1 Rezept Fluffy White Frosting

Wegbeschreibung:

1. Bereiten Sie das Kuchenrezept vor, indem Sie den Kuchen in runden Kuchenformen backen. Legen Sie dazu zwei 8- oder 9-Zoll-Rundkuchenformen mit Pergamentpapier aus. Bestreichen Sie die Seiten der Formen mit den 2 Teelöffeln Butter. Löffeln Sie den Teig gleichmäßig in die Förmchen. Backen Sie 8-Zoll-Kuchen für 25 Minuten und 9-Zoll-Kuchen für 23 Minuten.

2. Kühlen Sie die Kuchen in den Förmchen 10 Minuten lang auf einem Drahtgitter ab. Nehmen Sie die Kuchen aus den Formen und kühlen Sie sie vollständig auf einem Drahtgitter ab. Verteilen Sie den Zuckerguss zwischen den Schichten sowie an den Seiten und oben auf dem Kuchen.

Ernährung: 38 g carb 222 cal 8 g fat 5 g sat fat 43 mg chol2 g fib 4 g pro 151 mg sod

52. Himbeer-Basilikum-Konfitüre

Zubereitungszeit: 10
Minuten Kochzeit: 20
Minuten Portionen: 24

Zutaten:
- 2 lbs. frische Himbeeren
- 1/3 Tasse frisches Basilikum, fein gewürfelt
- 2 Esslöffel Zitronensaft
- Was Sie aus dem Vorratsschrank benötigen
- ½ Tasse Splenda

Wegbeschreibung:
1. Beeren und Zitronensaft in einen großen Topf geben und auf mittlere Hitze stellen. Verwenden Sie einen Holzlöffel, um die Beeren aufzubrechen. Zum Kochen bringen und 5-6 Minuten köcheln lassen, oder bis die Mischung zu sprudeln beginnt.
2. Splenda einrühren und unter häufigem Rühren kochen, bis der Splenda aufgelöst ist und die Mischung einem Sirup ähnelt, etwa 15 Minuten.
3. Vom Herd nehmen und das Basilikum einrühren. Mit einem Löffel in Gläser mit luftdichten Deckeln füllen. Vollständig abkühlen lassen, dann die Deckel aufsetzen und in den Kühlschrank stellen. Die Portionsgröße beträgt 1 Esslöffel.

Ernährung: Kalorien 40 Kohlenhydrate 8g Eiweiß 0g Fett 0g Zucker 6g Ballaststoffe 2g

KETO DIABETIC EXTRA REZEPTE

53. Ketogener Orangenkuchen

Zubereitungszeit: 10

Minuten Garzeit: 50

Minuten Portionen: 8

Zutaten:

- 2 und 1/2 Tassen Mandelmehl
- 2 ungewachste, gewaschene Orangen
- 5 große getrennte Eier
- 1 Teelöffel Backpulver
- 2 Teelöffel Orangenextrakt
- 1 Teelöffel Vanilleschotenpulver
- 6 Samen von Kardamomschoten zerdrückt
- 16 Tropfen flüssiges Stevia; etwa 3 Teelöffel
- 1 Handvoll gehobelte Mandeln zum Dekorieren

Wegbeschreibung:

1. Heizen Sie Ihren Ofen auf eine Temperatur von etwa 350 Fahrenheit vor.
2. Legen Sie ein rechteckiges Brotbackblech mit einem Pergamentpapier aus.
3. Legen Sie die Orangen in einen mit kaltem Wasser gefüllten Topf und decken Sie ihn mit einem Deckel ab.

4. Bringen Sie den Topf zum Kochen und lassen Sie ihn dann für etwa
1 Stunde und stellen Sie sicher, dass die Orangen vollständig untergetaucht sind.
5. Achten Sie darauf, dass die Orangen immer untergetaucht sind, um jeglichen bitteren Geschmack zu entfernen.
6. Halbieren Sie die Orangen, entfernen Sie die Kerne, lassen Sie das Wasser ab und stellen Sie die Orangen zum Abkühlen beiseite.
7. Halbieren Sie die Orangen und entfernen Sie die Kerne, dann pürieren Sie sie mit einem Mixer oder einer Küchenmaschine.
8. Trennen Sie die Eier; schlagen Sie dann das Eiweiß, bis Sie sehen, dass sich steife Spitzen bilden.
9. Geben Sie alle Zutaten bis auf den Eischnee zur Orangenmasse und fügen Sie den Eischnee hinzu; mischen Sie dann.
10. Gießen Sie den Teig in die Kuchenform und bestreuen Sie ihn mit den gehobelten Mandeln direkt darüber.
11. Backen Sie Ihren Kuchen etwa 50 Minuten lang.
12. Nehmen Sie den Kuchen aus dem Ofen und stellen Sie ihn zum Abkühlen für 5 Minuten beiseite.
13. Schneiden Sie Ihren Kuchen in Scheiben; dann servieren und genießen Sie seinen unglaublichen Geschmack!

Ernährung: Kalorien: 164 Fett: 12g Kohlenhydrate: 7,1 Ballaststoffe: 2,7g Eiweiß: 10,9g

54. Zitronenkuchen

Zubereitungszeit: 20
Minuten Garzeit: 20
Minuten Portionen: 9

Zutaten:

- 2 mittlere Zitronen
- 4 große Eier
- 2 Esslöffel Mandelbutter
- 2 Esslöffel Avocadoöl
- 1/3 Tasse Kokosnussmehl
- 4-5 Esslöffel Honig (oder ein anderes Süßungsmittel Ihrer Wahl)
- 1/2 Esslöffel Backpulver

Wegbeschreibung:

1. Heizen Sie Ihren Ofen auf eine Temperatur von ca. 350 F vor.
2. Schlagen Sie die Eier in eine große Schüssel und legen Sie zwei Eiweiß beiseite.
3. Die 2 Eiweiße mit den Eigelben, dem Honig, dem Öl, der Mandelbutter, der Zitronenschale und dem Saft verquirlen und sehr gut miteinander verrühren.
4. Kombinieren Sie das Backpulver mit dem Kokosmehl und fügen Sie diese trockene Mischung nach und nach zu den feuchten Zutaten hinzu und verquirlen Sie sie einige Minuten lang.
5. Schlagen Sie die beiden Eier mit einem Handrührgerät auf und schlagen Sie das Ei schaumig.

6. Geben Sie den weißen Eierschaum nach und nach mit einem Silikonspatel unter die Masse.
7. Übertragen Sie den erhaltenen Teig auf ein mit Backpapier belegtes Blech.
8. Backen Sie den Kuchen etwa 20 bis 22 Minuten.
9. Lassen Sie den Kuchen 5 Minuten lang abkühlen; schneiden Sie ihn dann in Scheiben.
10. Servieren und genießen Sie Ihren leckeren Kuchen!

Ernährung: Kalorien: 164Fett: 12g Kohlenhydrate: 7,1 Ballaststoffe: 2,7g Eiweiß: 10,9g

SCHLUSSFOLGERUNG

Für einen Menschen mit Diabetes ist eine gesunde Ernährung sehr wichtig. Menschen mit Typ-1-Diabetes müssen den Konsum von Kohlenhydraten kontrollieren und eine strenge glykämischen Ziel, das von Person zu Person unterschiedlich ist. Wenn Sie die verschiedenen Arten von Kohlenhydraten kennen und wissen, wie sie sich auf den Blutzucker auswirken, wird es einfacher, Ihre Ernährung anzupassen.

Diese Rezepte sprechen eine Vielzahl von Diabetes-bezogenen Bedingungen und Symptomen an. Die Mahlzeiten sind eine Quelle sowohl für Eiweiß als auch für Kohlenhydrate. Wenn Sie Diabetiker sind und regelmäßig nach gesunden Alternativen zur diabetischen Standardkost suchen, ist dieses Kochbuch die perfekte Wahl.

Da Diabetes in den Vereinigten Staaten auf dem Vormarsch ist, ist es wichtig, darauf zu achten, was wir essen. Diabetes ist eine Krankheit, bei der Sie die notwendigen Vorsichtsmaßnahmen ergreifen müssen, damit Ihr Blutzuckerspiegel nicht außer Kontrolle gerät. Eine gesunde Ernährung, die sicherstellt, dass Ihr Körper die Nährstoffe bekommt, die er braucht, wird dazu beitragen, dass der Diabetes kontrolliert wird. In diesem Kochbuch werden Sie Rezepte kochen, die sowohl diabetische als auch hypoglykämische Symptome ansprechen. Sie werden auch viele leckere Rezepte finden, die eine gesunde Ernährung und die Kontrolle Ihres Diabetes fördern.

Die ideale Diabetiker-Diät berücksichtigt Ihre individuellen Bedürfnisse sowie Ihre persönlichen Wünsche in Bezug auf die Ernährung. Ihr primäres Ziel sollte es sein, Komplikationen durch hohe Blutzuckerwerte oder Unterzuckerung zu vermeiden

Zuckerwerte. Sie wollen auch für den Fall vorbereitet sein,

dass Ihr Blutzuckerspiegel im Laufe des Tages oder der Nacht schwankt.

Dieses Kochbuch hilft Ihnen, einen gesunden Blutzuckerspiegel aufrechtzuerhalten, indem es alle Informationen liefert, die Sie brauchen, um beim Einkaufen, Kochen und Essen gesunde Entscheidungen zu treffen. Sie finden medizinische Ratschläge zur Vorbeugung und Umkehrung von Diabetes, Rezepte für Frühstück, Mittag- und Abendessen, die wenig Kohlenhydrate und viel Eiweiß enthalten, sowie eine Aufschlüsselung von Lebensmitteln, die viele Kohlenhydrate enthalten, im Vergleich zu denen, die wenig Kohlenhydrate enthalten.

CPSIA information can be obtained
at www.ICGtesting.com
Printed in the USA
BVHW090325220621
610126BV00012B/2962